लोग भूल गए हैं

[कविता-संग्रह]

लोग भूल गए हैं

रघुवीर सहाय

राजकमल प्रकाशन

ISBN : 978-81-267-0600-6

मूल्य : ₹ 495

पहला संस्करण : 1982
दसवाँ संस्करण : 2024

प्रकाशक : राजकमल प्रकाशन प्रा.लि.
1-बी, नेताजी सुभाष मार्ग, दरियागंज
नई दिल्ली-110 002
शाखाएँ : अशोक राजपथ, साइंस कॉलेज के सामने, पटना-800 006
पहली मंजिल, दरबारी बिल्डिंग, महात्मा गांधी मार्ग, प्रयागराज-211 001
1, अनमोल सोराबजी संतुक लेन, धोबी तलाव, मरीन लाइंस, मुम्बई-400 002
वेबसाइट : www.rajkamalprakashan.com
ई-मेल : info@rajkamalprakashan.com

मुद्रक : बी.के. ऑफसेट
नवीन शाहदरा, दिल्ली-110 032

LOG BHOOL GAYE HAIN
Poems by Raghuvir Sahay

विमलेश्वरी सहाय को

निवेदन

इस संग्रह की रचनाएँ मेरे काव्य-जीवन के जिस दौर में लिखी गयी हैं वह अभी हाल में शुरू हुआ और अभी निबटा नहीं है; दिखता है कि वह अभी चलेगा। मँझधार से या कहें कि बीच भँवर से लिखी हुई कविता प्रकाशित कर देने का यह मेरा पहला अवसर है। इसके पूर्व 'आत्महत्या के विरुद्ध' और 'हँसो, हँसो, जल्दी हँसो' दोनों एक-एक निष्कृति के सूचक थे। उसके पहले 'सीढ़ियों पर धूप में' कविता के एक से अधिक पड़ावों तक सहेजकर ले जायी गयी उपलब्धियों का संचय था। उसके भी पहले 'दूसरा सप्तक' में आकलित रचनाएँ अत्यन्त प्राथमिक कविताओं के अभ्यासमूलक दौर से निकलते ही अपनी दुनिया में पैर रखने के समय की कविताएँ थीं। अलबत्ता जैसा 'हँसो, हँसो, जल्दी हँसो' में हुआ था, प्रत्येक संग्रह में कुछ रचनाएँ कहीं तो एक दिशा में चलने की तैयारी करके वह रास्ता छोड़ देने की निशानियाँ थीं कहीं भविष्य में उस रास्ते को फिर पकड़ने के लिए पहचानें थीं।

अपनी कविता के वर्तमान दौर में से एक बार बाहर आकर अपना अधूरापन पाठकों को दिखाने के पीछे समाज के वर्तमान दौर का एक दबाव है जो कवि पर पड़ रहा है। अपने को पूरा करना अपने अधूरेपन को समाज के सामने परीक्षा और पड़ताल के वास्ते लाये बिना आज सम्भव नहीं रह गया है। ऐसा न करूँ तो मुझे दो बड़े खतरे खड़े होते दीखते हैं जो वास्तव में एक ही के दो रूप हैं : कवि कहीं क्रान्ति का पुजारी और मसीहा एक साथ बनकर दिखाने में अपने कर्त्तव्य से भागने का रास्ता न निकालने लगे, या कहीं आत्मदया के आत्मपीड़क भाव में लिप्त होकर लोगों से वैसी सहानुभूति न माँगने लगे जो न केवल लोगों की रागात्मक शक्ति का शोषण करेगी बल्कि उन्हें स्वयं अपनी वेदना पहचानने में भटकायेगी। जिस एक ख़तरे के रूप ये दोनों हैं वह अहंवाद का ही ख़तरा है। अहंवाद को पहले के आलोचकों ने शायद पूरी तरह नहीं पहचाना था। जिस कवि को उन्होंने अपने बारे में कुछ भी ऐसा कहते पाया जो सतही तौर पर दूसरों के बारे में न हो, उसे अहंवादी कहकर दुत्कार दिया। वास्तव में अहं खुलेआम जनसाधारण के बारे में लिखने का अहंकार करनेवाले कवियों में भी हो सकता है, यह आज ही प्रकट होकर दिख रहा है। जैसे राजनीति में वैसे ही कविता में भी जन के साथ कानूनी रिश्ते तो बने हुए हैं, लेकिन एक इंसानी रिश्ता रह नहीं गया है। इससे कवि भी राजनीतिक की तरह आत्मरहित बनता जा रहा है।

आज के कवि का अपनी परीक्षा के लिए समाज के सामने आना, विशेष रूप से तब जबकि उसे समाज में अपने अस्तित्व को अर्थात् समाज से अपने रिश्ते को समझने में संशय हो रहा हो, उसे अहं के रचनाविरोधी ख़तरे से बचायेगा। क्या उसकी रचना सचमुच कहीं झूठे विश्वासों को झूठा बताती है ? और जो नया विश्वास देती है वह लोगों के मन में क्या स्वयं उनकी एक नयी पहचान पैदा करता है ? लोग कवि की रचना में क्या उस नये विश्वास को पहचानकर देख पाते हैं कि अवश्य ही यह कविता उन्हें बता रही है कि खुद उनमें नया क्या है ? पाठक का पुनरुज्जीवन कर सकना आदेश या उपदेश देनेवाले अहं का विसर्जन

करके ही सम्भव है और इसी की परीक्षा के लिए कवि को बार-बार अपनी रचनाएँ प्रकाशित करनी होती हैं। आज अन्याय और दासता की पोषक और समर्थक शक्तियों ने मानवीय रिश्तों को बिगाड़ने की प्रक्रिया में वह स्थिति पैदा कर दी है कि अपने अधिकारों के लिए संघर्ष करनेवाले जन मानवीय अधिकार की अपनी हर लड़ाई को एक पराजय बनता हुआ पा रहे हैं। संघर्ष की रणनीतियाँ उन्हीं के आदर्शों की पूर्ति करती दिखायी दे रही हैं जिनके विरुद्ध संघर्ष है क्योंकि संघर्ष का आधार नये मानवीय रिश्तों की खोज नहीं रह गया। न्याय और बराबरी के लिए हम जिस समाज की कल्पना करते हैं उसमें मानवीय रिश्तों की शक्ल क्या होगी यह उस समाज के लिए संघर्ष के दौरान ही तय होना चाहिए। कवि इस संघर्ष में बार-बार मानवीय रिश्तों की खोज करेगा और उनको जाँचेगा, सुधारेगा, बनायेगा और फैलायेगा। ये संबंध हृदय परिवर्तन से नहीं बनेंगे, संघर्ष के नतीजों की बार-बार जाँच से बनेंगे। जहाँ तक हृदय का सवाल है, कम से कम मुझे दृढ़ आस्था है कि लोग न्याय और बराबरी के जन्मजात आदर्श को नहीं भूलते : इतिहास के किसी दौर में कुछ लोग अवश्य इन्हें भूल जाते हैं पर इन्हें याद कराने के लिए उनसे कहीं बड़ी संख्या में मनुष्य जीवित रहते हैं। इन्हीं के सामने अपने आंतरिक संघर्ष की जाँच के लिए कवि अपनी रचना लाता है चाहे रचने के एकान्त के बीच में से उठकर ही क्यों न आना पड़े।

मकर संक्रांति

रघुवीर सहाय

14 जनवरी, 82, नयी दिल्ली

यह संस्करण

'लोग भूल गये हैं' के दूसरे संस्करण की भूमिका लिखते हुए मैं पहले संस्करण की भूमिका के ये वाक्य दोहराना चाहता हूँ कि लोग न्याय और बराबरी के जन्मजात आदर्श को नहीं भूलते : इतिहास के किसी दौर में कुछ लोग इन्हें अवश्य भूल जाते हैं पर इन्हें याद कराने के लिए उनसे कहीं बड़ी संख्या में मनुष्य जीवित रहते हैं।

संभव है कि विस्मृति का यह दौर अपने साथ एक मक्कारी और चालाकी ले आए और इतिहास को तोड़-मरोड़कर वर्तमान के पतन का गुणगान करे जैसा आज कर रहा है; पर यही समय है कि निराशा में अपने कर्तव्य को न खोज कर, झूठी आशा या खोखले शब्द को कविता बनाकर उस आदमी को धोखा न दे, जो आज चाहे निरक्षर हो पर कल हर कविता पढ़कर उससे एक नयी कविता बनायेगा और वह वर्तमान कविता से ज्यादा बड़ी और सच्ची होगी।

कविता शब्द का निरा संस्कार नहीं है। न वह वर्तमान की निरी व्याख्या है, न इतिहास का निरा पनुरवलोकन और न अतीत से भविष्य के निरे अंतरावलंबन का औचित्य। इन सबके समेत वह कुछ है तो साहस है जो हमारे जाने बिना दूसरे को मिलता है बशर्ते कि वह दूसरा हमारी कविता में हो।

9 जनवरी, 1989

रघुवीर सहाय

क्रम

कला क्या है 11
विचित्र सभा 13
कल के लिए 16
रंगों का हमला 18
एक दिन रेल में 20
नन्हीं लड़की 21
भविष्य 22
ईश्वर 25
तुम्हारे विचार 26
मेरी दुनिया 27
मेरा घर 28
उम्र 29
प्रेम 30
हिंसा 31
नशे में दया 33
मनुष्य-मछली युद्ध 35
कैसियस क्ले की हार 37
नींद 39
उसका निर्जन 41
स्त्री 42
औरत का सीना 43
लोग भूल गए हैं 45
पहचानना 50
निमन्त्रण 51
कार्रवाई 52
कविता 53
आख़िरी वक़्त 54
आनेवाला कल 55

बेचारा वक्ता	56
दयाशंकर	57
चेहरा	59
बचपन	60
अधेड़ औरत	61
याद	62
बलात्कार	63
फ़ायदा	64
मुआवज़ा	65
धूप में इतिहास	68
खिलवाड़	70
संघर्ष	71
प्रेमीजन	72
बैंक में लड़कियाँ	73
चिथड़ा चिथड़ा मैं	74
जड़	75
अरे अब ऐसी कविता लिखो	76
हिन्दी	77
पहले आप	79
ख़ुशामद	80
व्यावहारिक लोग	81
सस्ते दाम की दुकान	82
साफ़ कमीज़	83
कैमरे में बन्द अपाहिज	84
अज्ञातवासी	86
एक रात नागा	89
बड़ा आदमी	90
अभिनेत्री	91
दुर्भिक्ष	93
अन्न का रस	95
रोग	96
भेंट	97
ख़ुशी	98
स्वच्छन्द लेखक	99
आज़ादी	102

कला क्या है

कितना दुःख वह शरीर जज़्ब कर सकता है ?
वह शरीर जिसके भीतर खुद शरीर की टूटन हो
मन की कितनी कचोट कुण्ठा के अर्थ समझ
उनके द्वारा अमीर होता जा सकता है ?

अनुभव से समृद्ध होने की बात तुम मत करो
वह तो सिर्फ़ अद्वितीय जन ही हो सकते हैं
अद्वितीय याने जो मस्ती में रहते हैं चार पहर
केवल कभी चौंककर
अपने कुएँ में से झाँक लिया करते हैं
वह कुआँ जिसको हम लोग बुर्ज़ कहते हैं

अद्वितीय हर व्यक्ति जन्म से होता है
किन्तु जन्म के पीछे जीवन में जाने कितनों से यह
अद्वितीय होने का अधिकार
छीन लिया जाता है
और अद्वितीय फिर वे ही कहलाते हैं
जो जन के जीवन से अनजाने रहने में ही
रक्षित रहते हैं

अद्वितीय हर एक है मनुष्य
औ' उसका अधिकार अद्वितीय होने का
छीनकर जो खुद को अद्वितीय कहते हैं
उनकी रचनाएँ हों या उनके हों विचार

पीड़ा के एक रसभीने अवलेह में लपेटकर
परसे जाते हैं तो उसे कला कहते हैं !

कला और क्या है सिवाय इस देह मन आत्मा के
बाकी समाज है
जिसको हम जानकर समझकर
बताते हैं औरों को, वे हमें बताते हैं

वे, जो प्रत्येक दिन चक्की में पिसने से करते हैं शुरू
और सोने को जाते हैं
क्योंकि यह व्यवस्था उन्हें मार डालना नहीं चाहती

वे जिन तकलीफ़ों को जानकर
उनका वर्णन नहीं करते हैं
वही है कला उनकी
कम-से-कम कला है वह
और दूसरी जो है बहुत-सी कला है वह

कला बदल सकती है क्या समाज ?
नहीं, जहाँ बहुत कला होगी, परिवर्तन नहीं होगा ।

विचित्र सभा

एक सभा हुई
उसमें आंदोलन के नेता बुलाये गये
पहले वे आ नहीं रहे थे
फिर आ गये क्योंकि मैं भी सभा के
पक्ष में था

सभा अन्त होने लगी तब बाजा बज उठा,
उसके बन्द होते ही मंच पर अँधेरा हुआ
और मंच पर बैठे लोगों के पीछे आकृतियाँ खड़ी हो गयीं
रोशनी पीछे थी आकृतियाँ काली थीं
उन्होंने नेताओं पर बन्दूकें तान दीं
नेता पीछे से घिर गये और आगे वे उठकर जाना चाहते थे
तो आगे जनता की भीड़ थी जिसके बारे में आयोजक मानते थे
कि वह नेताओं को घेरकर उनसे जवाब माँगेगी
और उन्हें भागने नहीं देगी
जैसे ही पिस्तौलें तनती हैं नेता असलियत समझ खड़े हो जाते हैं
जनता भी खड़ी हो जाती है मानो उन्हें भागने से रोकेगी
उसमें कई तरह के चेहरे हैं : मैं भी हूँ
विजय चौधरी से मैं कहता हूँ—तुम यह लो नेताओं पर तान दो
वह (मेरे हाथ में एक बन्दूक है) बैठा रह जाता है
मैं ही तुरन्त यह सोचकर कि मैं जो कर रहा हूँ इस वक्त
वही सही है
रघुपति पर बन्दूक तान देता हूँ
रघुपति पूछते हैं : आप किस तरफ़ हैं

मैं बहुत अर्थ-भरे स्वर में कहता हूँ आप ही की तरफ़
अर्थात मैं जो कर रहा हूँ देश के हित में
और आपके हित में कर रहा हूँ
आप हमें स्वीकारें

रघुपति विस्मय में पड़कर मुझे एक क्षण देखते हैं
फिर अपनी निर्मल आँखें झुका सोच में डूब जाते हैं
न जाने कौन आदेश देता है कि बाहर चलें और नेताओं को
वहाँ ले जाकर
उनसे बात करेंगे (या उनको सज़ा देंगे ?)

लाइन बनाकर लोग बढ़ते हैं
कई नौजवान नेता जब बाहर (पण्डाल या कमरा ?) पहुँचते हैं
तो न उनके पीछे
बन्दूकधारी होते हैं न आगे जनता
वे लगभग आजाद हो जाते हैं

मैं सोचता हूँ कि ये भाग जायेंगे
तभी देखता हूँ कि भीड़भाड़ हो गयी और जो योजना थी कि
हममें से कोई नेताओं को बतायेगा कि उनकी ग़लतियाँ क्या थीं
और कहेगा कि जनता नेताओं से जवाबतलब करे,
वह बिगड़ रही है

एक दरवाज़े से हरयाणा में दिखा कि लोग
निकलते दिखायी देते हैं
उन्हें योजना में दिलचस्पी नहीं है
उनसे कोई चिल्लाकर कहता है रुकिए
वे रुक नहीं रहे हैं

एक जलूस रामलीला से निकला (बड़ी भारी पालकी)
किसी ने कहा : उसे रोककर उनको सब बातें समझा दो
तो ये जीवन में सुधार करेंगे
वह भी शोरगुल में होने से रह गया

मैं देखता हूँ कि मैंने क्या कर डाला
बन्दूक मेरे हाथ में अब नहीं है

पर जब ज़रा देर को थी तब की तसवीर दीख जाती है
और मैं ग्लानि से भर जाता हूँ
क्या जवाब दूँगा कि मैं तुम्हारी तरफ़ हूँ
मैंने बहुत सोचकर के कहा था (मेरा मतलब यह था कि मुझे भी
आलोचना की ज़रूरत है) पर यह मैंने क्या कर डाला

यह भी दिखा था कि जनता संगठित होकर
आलोचना नहीं कर पा रही है
और बन्दूक हाथ से चली गयी है
मैं नहीं जानता कि रघुपति का क्या हुआ।

कल के लिए

यही मेरा घर है यही कारख़ाना है
जितनी जगह कमरे में है उससे कम मैंने ली है
बहुत नहीं चाहिए बहुत चाहने का मतलब लूटना होगा

मैंने लड़के से कहा कि मेरा चश्मा लाओ
और वह सुनकर चला गया
उससे कुछ कहने पर उसमें एक अपनी दुनिया बनने लगती है
और वह वहाँ से बहुत देर में आता है

तो मैं ठहरा रहा इस चश्मे के लिए

वह आया लिये हुए आपने मँगाया था
ओह मैंने माँगा था अब ज़रूरत नहीं
उतनी देर नहीं पढ़ा सोचता रह गया

एकाएक याद आया कौन कह रहा था कि हम लोग
इन्तज़ार किया करते हैं कि कोई आये हमारे यहाँ

तुम हँसते हो कभी बिना जाने हुए
कभी मुस्कराते हुए दीख पड़ते हो
पर वह मुस्कराहट नहीं
वह है एक दु:ख भरे जीवन में एक क्षण
कोई एक चीज़ के खुलने से मांस में आया हुआ ढीलापन
अक्सर याद करो तो देखोगे कि तुम तब खुश नहीं थे
कि जब मुस्कराये थे

जीवन का जीना ही सम्भव कर देता है
मैं हूँ यह एकाएक चौंककर जानना
किन्तु मैं गये जन्म में क्या था यह रहस्य
चिन्तित नहीं करता
बीस वर्ष में क्या हुआ यह सवाल करता है

हिन्दी के नेता बोले बड़ी देर तक हिन्दी
जनता ने पूछा अंग्रेज़ी बोल सकते हैं
उनमें से सबसे बड़ी चुटियावाला आया
अंग्रेज़ी बोल गया बाकी हिन्दीवाले रह गये

युवक का चलना उजाले में चुपचाप
आना और खड़े रहना एक शफ़ाखाने में
वह उसको धक्का दे कुछ हथिया नहीं सकता
जब डाक्टर से वह मर्ज़ का नाम लेता है
जो उसे दूसरे डाक्टर ने बताया है तो
वह नहीं मानता
तब वह उदास लौट जाता है हाथ में दवा लेकर
एक आज़ाद और कठोर व्यक्ति बन जाता है वह थोड़ी देर

यही सब लिखता हूँ
क्योंकि जो चारों ओर लोग हैं उनको विश्वास नहीं
तभी तो लिखता हूँ
वे नहीं समझते
वे अपनी ही बात समझना चाहते हैं
मैं उनकी भाषा में नहीं कह रहा हूँ
फिर भी मुझे उनसे अपना लिखा छिपाना नहीं है
क्योंकि उसे दिखाकर ही जाना जा सकता है
कि मैंने जो कहा
कल
कहीं और
वह समझा जायेगा या नहीं समझा जायेगा।

रंगों का हमला

यदि मैं चित्रकार होता
कुछ रंगों को छोड़ चुका होता जो डिब्बों में आते हैं और बड़ी
दीवारों पर पोते जाते हैं
सड़क पार करने में ठिठके व्यक्ति को दबा लेते हैं जो

कुछ पीड़ाएँ काँटेदार तार के बाड़ों से बनती हैं
उनको कैसे ले पाते हैं कलाकार मानो वर्तुल रेखाओं से कुछ सजा
रहे हों
नहीं जानता

सबसे ताज़ी शैली तो यह है कि ढेर से मरे हुओं की लाशों का
संपुजन
एक सन्तुलित संपुजन, करें और उससे तटस्थ हों कहें कि यह
आकार सृष्टि है

और न जाने कितने चेहरे ऐसे हैं कि कसम ले लो मैं नहीं बनाता

वह भूखा लड़का जिसको मालूम है कि तस्वीर बनेगी
वह औरत जो पहरे में भी कड़े-छड़े पहने है खुश है
वह बूढ़ा जो सिर्फ झुर्रियों के कारण आँका जाता है
मैं न आँकता

मैं वे खण्डहर भी न आँकता जो हिन्दू मुस्लिम दंगों में बच रहते हैं
यह बतलाते हुए कि हम तब वहाँ नहीं थे

रंग एक दमदार चीज़ है इसीलिए वह सबसे ज़्यादा
कब्ज़ा करने क़ाबिल भी है
शब्दों से भी ज़्यादा
शब्दों को तो यों ही कह देते हैं ब्रह्म शब्द के अर्थ
निकल सकते हैं दो रंगों के नहीं
इसलिए रंग बनाने और बेचनेवाले अपने चित्रकार लेकर आते हैं
तसवीरें रंगीन बनाने को अकाल की

मैं तो केवल चित्रकला सीखना चाहता हूँ पर मुझको
एक तेज आलोक एक आकाश एक या एक अँधेरा
कहाँ मिलेगा जो कि कुँवारे रंगों में है
मुहावरों में नहीं बचा है

देखो जिनको मारा है उनके चेहरों को
उन पर कोई रंग नहीं है
पर सौदागर ज़रा देर में उनमें कोई रंग डालकर
उनको कपड़े पहना देंगे चिकनाए आवरण पृष्ठ पर

यदि तुम रंगों का यह हमला रोक सको तो रोको वरना
मत आँको तस्वीरें
कम-से-कम
विरोध में

और अगर चेहरे गढ़ने हों तो अत्याचारी के चेहरे खोजो
अत्याचार के नहीं
इसको हम जानते बहुत हैं, वह अब भी छिपता फिरता है ।

एक दिन रेल में

एक दिन रेल में
एक आदमी मिला
एकदम चुप खड़ा

उसके हाथ काले थे
उसका जिस्म काला था
वह ज़रा इधर बढ़ा

पाँव एक-एक कर
सब समेटने लगे
अपने जूते देखकर
असरे-पसरे लोग थोड़ा
थोड़ा झेंपने लगे
जी हाँ एक-एक कर

काम खोजता हुआ
कुछ न सोचता हुआ
कुछ न बोलता हुआ
वह चला गया युवक
हाथ में लिये बुरुश
भेद खोलता हुआ।

नन्हीं लड़की

नन्हीं लड़की खाती है
तन्मय एक रोटी

खा लेती है फिर तनिक थमकर
एक फल कुछ और तन्मय
फिर वह लेट जाती है धूप में

हम उसकी तन्मयता किस तरह
जिया रक्खें
जिससे वह उसके कंधों की गोलाई में
खिलकर आ जाए एक दिन एक न एक द्रिन

हम रोटी और फल बचायेंगे
यह उसके सीने में एक दिन उदय होगा

उसके हाथ उसके हाथ
हमसे कह रहे हैं कि हम ऐसा करें
हम उससे कहेंगे कि वह आज की सुबह
याद करे याद रखे
हम आज रात को याद करेंगे दिन
भर में हमने क्या किया।

भविष्य

सब कुछ लिखा जा चुका है अतीत में
यह आकर मत कहो मुझसे पण्डितजनो
एक बात अभी लिखी नहीं गयी बाकी है
होने को भी बाकी लिखी जाय या न जाय
वह तुम जानते हो क्या ? अपनी रटी बोली में
तुम वह भी बतला सकते होगे,
क्यों नहीं
विश्वविद्यालयों ने ऐसा कर रखा है प्रबन्ध
यहाँ मैं अकेला एक छोटी-सी चीज़ का
अपने समाज में अर्थ देख रहा हूँ
वहाँ कह रहे हो तुम यह तो होता ही है

यह जो समझ है इतिहास की भ्रष्ट है
यह अत्याचार को शाश्वत रखने की
अन्यायी भाषा है कि जिसके प्रतिष्ठान में विद्या बन्द है
विद्या जो मुक्त हमें करती है वह विद्या

होगा ही अत्याचार और होता रहेगा
यह केवल इतना ही सच है कि हारे हैं
हारे हैं हार भी रहे हैं हम बार-बार
इस वक्त आज अभी फिर हारे
और यह स्वीकार करना कि हारे हैं
हर बार ताक़त नहीं दे रहा

जब दलित लोग दमनकारी के तन्त्र की
उनहार करते हैं अपने को सान्त्वना
देते हैं हम जीते सबसे बड़ी जीत
दमन की होती है उस पर दलित को
बधाइयाँ देती है दमन तन्त्र की प्रजा

फैला विराट है विशाल है अपार देश
पर अपार से भी ज़ियादा अथाह है
हम कितने गहरे में चले जायँ और एक
ताक़त ले आयें वहीं कहीं बूड़ नहीं रहें

होशियार, हलचल है बहुत गतिविधियाँ हैं
तीस साल से जो अध्यक्ष थे बने हुए
दोमुँही भाषा के बूते जो एक साथ
निर्भीक दिखते थे पाखण्डी भी थे
आज इन दो को छोड़ कुछ नहीं रह गया
अब वह बर्बरता के बूते अध्यक्ष हैं

हा-हा-हा, इस पर भी हँस लो
पर हिन्दी में हँसी पर तो लिख चुका हूँ
उसमें जो समय-समय पर साझा होता है
कभी खिसियाहट का पर्देदारी का या
अक्सर समृद्धि का वह भी बता चुका

किन्तु आज देखो जो हँसते हैं मिलने पर
उनमें घबराहट है हाँ वह दिखती नहीं
वे नहीं चाहते अविश्वास दिख जाए
आशा है उनके विरोधी मिल जायेंगे
पर यह सन्दिग्ध है इससे अलगाव
अभी बने रहने दो थोड़ा-सा दिखला दो

इस तरह मिलते हैं लोग आजकल हमसे
मानो राष्ट्रीय प्रश्न सब मिल तय कर लेंगे

औ' सबकी कोई-न-कोई जगह होगी
पर अत्याचारी के मन में डर बैठा है
और उसके अनुचरों के मन में अविश्वास
कभी सोचता है वह उससे हँसकर बोले
जिसकी हत्या की थी
कभी चाहता है जब तक बने बने रहो
और इसके बच्चों को भी मार कर जाओ

ईश्वर

कुछ दिन से मेरा मन मुक्त है
ईश्वर का भय नहीं
केवल एक अनुभव है कि वह मुझे मिला था

अब उससे परिचय है
पर मित्रता नहीं

मैंने जो अपने को छोड़ दिया था उस पर
वह अब वापस लिया
अगली मुठभेड़ तक

हाँ उसने गयी बार रक्षा की
पर मैंने भी अपना अहं दिया

वह बड़ा है मुझसे पर वह मुझसे इतना ज़्यादा बड़ा रहे
यह रिश्ता देर तक चल नहीं सकता है

बार-बार त्यागूँगा अपने को
उसके क़रीब होना है बराबर।

तुम्हारे विचार

ये सब मेरे विचार हैं जिन्हें तुम आज
धड़ल्ले से प्रकट कर रहे हो
पर ये ठीक-ठीक वे विचार नहीं—धन्यवाद
क्योंकि मैं कभी ताक़त से नहीं बोला
उम्मीद से बोला कि शायद मैं सही हूँ
ताक़त से नहीं कि चाहे सही हूँ या नहीं हूँ
बोल मैं ही सकता हूँ

यह ताक़त आज से पहले तुम्हारी आवाज़ में
नहीं थी, तुम्हारे विचार में भी दम नहीं था
पर आज जब तुमने मेरे विचार ले लिये हैं
और उन्हें सत्ता की ताक़त से कहा है
तो उस पर एक ख़ास तरह की हँसी आती है
पर मैं उसे दबाता हूँ क्योंकि मैं
तुम्हारे हाथों
अपने विचार की बरबादी बचाने के लिए
अपने विचार को अपनी ही तरह कहने के लिए
रखता हूँ
और तुम्हें एक अन्धी गली में फँसने के लिए
छोड़ता हूँ।

मेरी दुनिया

एक आश्रय से दूसरे में आकर
मैं एक बन्धन से मुक्त हो जाता हूँ
यही मेरी मुक्ति है

बार-बार एक दासता से दूसरी में कम या ज़्यादा
आज़ाद होते हुए
उतनी देर में मैं बना लूँ एक दुनिया अपने भीतर
और बाहर तक पहुँचा दूँ
ताकि वह नष्ट न हो
और जब दोबारा एक बार
घर बदलूँ
वह दुनिया मेरी कुछ बड़ी हो गयी हो।

मेरा घर

मेरी कविता में माँ
मेरी कविता में बीवी-बच्चे
मेरी कविता में गौरैया बसन्त की
धूप और पानी के संस्मरण
सब वहीं रह गये
और मैं चल दिया
इनकी स्मृतियाँ रह गयीं
वहीं मेरे घर

जाओ जिसे यात्रा में दो दिन
पड़ाव हो
या तो माँ मिलेगी
या उसकी याद में
धूप में खिला फूल

मेरे घर रह जाना।

उम्र

जब तुम बच्ची थीं तो मैं तुम्हें
रोते हुए देख नहीं सकता था
अब तुम रोती हो तो देखता हूँ मैं ।

प्रेम

अचानक ठहाका सुन पड़ता है
परमात्मा है उसी का एक हिस्सा है वह हँसी
परमात्मा है तभी वह लड़की जो हँस रही है
बची है हँसने के लिए

एक यज्ञ है उसकी हँसी
पूर्ण करती है हमको

ध्यान से सुनो कुछ भी व्यक्तिगत नहीं है उस हँसी में
वह हमें मोहित नहीं मुक्त करती है
कोई दर्द नहीं उस हँसी में
दर्द हमारे अन्दर उठता है वह हँसी ख़त्म हो जाने के
देर बाद
जब हम परमात्मा के आगे अपने को प्रेममय पाते हैं।

हिंसा

धर्माधिराज हल्के-हल्के मुस्काते थे
वह सोच रहे थे होकर मेरे वशीभूत
ये सभी जगह से ठुकराये भारत सपूत
मेरी निश्चलता से हो जायेंगे परास्त

वह बैठे चरखा कात रहे थे कान दिये
कब कहाँ कौन-सा शब्द सुन पड़े अकस्मात
जिससे मैं फ़ौरन पैदा कर लूँ एक बात
उस नौजवान की व्याकुलता को तोड़-मोड़

वह सुनकर आलोचना नहीं दिखते कठोर
जो उनके भीतर कौंध रहा है बार-बार
वह ज्ञान नहीं है हिंसा का है वह विचार
पर बोलेंगे मानो वह जीवन को निचोड़

देखो वह बोल रहे हैं कितनी बड़ी बात
कहते हैं बदल रहा है भारत का समाज
वह बदलेगा चाहे कोई कुछ करे आज
चाहे न करे इसलिए आप निश्चिन्त रहें

वह तुले हुए हैं व्याकुलता की हत्या पर
'हर प्रश्न बन गया है व्यापक उलझा-पुलझा
निरपेक्ष दृष्टि से देखो तो सब है सुलझा'
सुनकर हताश नवयुवक उठ गये दिशाहीन

यह वृद्ध-युवक संवाद हो चुका बार-बार
व्याकुलता युवजन की न मरी वह दुर्निवार
पर गाँधी के शिष्यों ने फिर-फिर कर प्रहार
हिंसा का निश्चित किया देश-भर में प्रचार ।

नशे में दया

मैं नशे में धुत था आधी रात के सुनसान में
एक कविता बोलता जाता था अपनी जान में

कुछ मिनट पहले किये थे बिल पे मैंने दस्तख़त
ख़ानसामा सोचता होगा कि यह सब है मुफ़त

तुम जो चाहो खा लो पी लो और यह सिगरेट लो
सुन के मुझको देखता था वह कि अपने पेट को ?

फिर कहा रख करके सिगरेट जेब में मेरे लिए
आज पी लूँगा इसे पर कल तो बीड़ी चाहिए

एक बण्डल साठ पैसे का बहुत चल जाएगा
उसकी ठण्डी नज़र कहती थी कि कल कल आएगा

होश खो बैठे हो तुम कल की ख़बर तुमको नहीं
तुम जहाँ हो दरअसल उस जगह पर तुम हो नहीं

कितने बच्चे हैं ? कहाँ के हो ? यहाँ घर है कहाँ ?
चार हैं, बिजनौर का हूँ, घर है मसजिद में मियाँ

कोरमा जो लिख दिया मैंने तुम्हारे वास्ते
ख़ुद वो खा लोगे कि ले जाओगे घर के वास्ते ?

सुन के वह चुप हो गया और मुझको यह अच्छा लगा
लड़खड़ाकर मैं उठा और भाव यह मन में जगा

एक चटोरे को नहीं उस पर तरस खाने का हक़
उफ़ नशा कितना बड़ा सिखला गया मुझको सबक़

घर पे जाकर लिख के रख लूँगा जो मुझमें हो गया
सोचकर मैं घर तो पहुँचा पर पहुँचकर सो गया

उठके वह कविता न आयी अक़्ल पर आयी ज़रूर
उसको कितना होश था और मुझको था कितना सरूर।

मनुष्य-मछली युद्ध

जो मछलियाँ मीठे पानी में रह रही हैं
उन्हें हम समुद्र में डाल रहे हैं
क्योंकि मीठे पानी की मछलियाँ बिकती हैं
क्योंकि हम समुद्र से मछलियाँ पकड़ते हैं
क्योंकि हमारी नावें विकराल हैं
नदी में समाती नहीं

हम मछलियाँ पकड़ते हैं क्योंकि उन्हें
डब्बे में बन्द कर बेचेंगे
डब्बे में बन्द मछली हमारे लोकतन्त्र का प्रतीक है
हर एक के लिए ताज़ी मछली की जगह उपलब्ध

हम विज्ञान को जीत रहे हैं
मछली को डब्बे में बन्द करने के लिए
उस मछली को मीठे पानी में न रहने देने के लिए विधि आविष्कार
कर रहे हैं
मगर विज्ञान हमको जो आँकड़े देता है
वे बताते हैं कि मछलियों में समुद्र से
लौटकर मीठे पानी में जाने की अदम्य इच्छा है

हम मछली की नस्ल तगड़ी कर रहे हैं
ताकि वह स्वादु हो और महँगी भी

मछली तगड़ी हो रही है और मीठे पानी में
लौट आने को ताक़त से तड़प रही है

हम विज्ञान से इन नतीजों पर पहुँचे हैं
कि हमें मछली को समुद्र में डालकर
उसे इतनी जल्दी मार लेना होगा
कि वह नदी में फिर न आने पाए।

कैसियस क्ले की हार

जो अपने स्वामी को ख़ून से तौलेंगे
आज,
कल भी वे तौलेंगे स्वामी को ख़ून से
आज अपने ख़ून से
कल मेरे ख़ून से
परसों वे ख़ून जमा करेंगे
बच्चों का इसलिए

उस कैसियस क्ले ने जब हार अपनी मान ली
बच्चे से
तो वह एक बच्चे की हत्या के दोष से बच गया
वह अपनी देह की ताक़त का
उपयोग करना बचा गया
पर उसने बच्चे के निश्चल चरित्र से
हार नहीं मानी है

क्योंकि हम बच्चे को कैसियस क्ले से लड़ने
आज ले जाते हैं
और यह सिफारिश करवाते हैं
कि कैसियस क्ले उससे हार अपनी मान ले

कैसियस क्ले बार-बार हार मान लेता है
और एक बच्चे को हिंसा के धन्धे में
साझा दे देता है

जो कि मनोरंजन के लिए लड़ने गया
उसके—अपने नहीं
और लौटा सीखकर कि
मनोरंजन के लिए ही वह लड़ेगा

हिंसा केवल हिंसा कितनी आसान है
उसमें राज्याश्रय है उसमें क्षमादान है

ताक़तवर लोग खोजते हैं कमज़ोर को
एक तरफ अस्पताल, झोपड़ी, हज़ार वर्ष से
वंचित जाति वर्ग लाश लुटे लोग
ढहे घर दुआर जिसको वे अभय दें और
दूसरी तरफ़ चित्रकार जो अपने ख़ून से
काग़ज़ पर उनकी तसवीर आँकें
जन के मन भय भरें।

नींद

तुम एकटक देखती हुई बैठी थीं
कहीं बहुत दूर नहीं गया था वह चेहरा
अब तक के दुःखों के आसपास ही कहीं ठहरा हुआ खड़ा था

मैं इतनी जल्दी में नहीं हूँ मैंने मन में कहा
कि तुमको इस रूप में पाकर भी रुकूँ नहीं
मैंने सब कामों से छुट्टी ले ली है कि मैं पास रहूँ तो मैं रहूँगा
यहीं
पश्चात्ताप की हलकी-सी पीड़ा झेलता
इन्तज़ार करता एक हलकी-सी राहत का
मुझे नहीं मालूम वह क्योंकर आयेगी

तुम उठीं और जहाँ थीं वहाँ ठहरी-सी
और कहीं चली गयीं
तुमने करवट बदली

मैं वहीं पास में बैठा था डरता-सा अपने से
तुम जागीं जैसे ढारस बँधा
और थोड़ी देर बाद तुम सो गयीं
चेहरे पर दर्द उभरकर आया
छा गया
एक छोटे अक्षर में छपी हुई पुस्तक-सा खुल गया
वह चेहरा

सोती ही रहो
मैं पढ़ता हूँ
भाषा की गूँजों को घर में सुनते हुए
बार-बार हम दोनों का अतीत ।

उसका निर्जन

उसने कहा देखो मैं बीमार रहती हूँ
मैं नहीं चाहती कि मेरे बच्चे मेरी पीड़ा को
देखने के आदी हो जाएँ
या मुझ पर दया करें या मुझको भुला दें
यह उसने दस साल पहले कहा था

आज वह बार-बार कहती है
मुझे तकलीफ़ है और विस्तार से
उसको बतलाती है और बहुत देर तक

जैसे वह पीड़ा एक अन्तहीन निर्जन हो
जहाँ सिर्फ़ वह हो और वही उसे
देखकर अचरज में पड़ी हो ।

स्त्री

स्त्री की देह
मुस्कुराती स्त्री
उसकी देह

पीठ इधर करते ही
उसके जीवन के
दस बरस और दिखे

हर स्त्री के
गर्भ में रहते हैं
उसके आनेवाले क्लेश

जब वह घुटने मोड़कर
करवट लेती हो
तब देखोगे कि तुम
देख रहे हो कि
उस पर अन्याय होंगे ही

पर उसका चेहरा उसका विद्रोह है
यह कितनी कम औरतें जान पाती हैं
इस भ्रम में भूली हुई कि वह भविष्य है
वह घुटने मोड़कर करवट लेट जाती हैं।

औरत का सीना

वह बिसातख़ाने में मेरे बहुत पास में खड़ी थी
कुछ ख़रीदती हुई अपने जीवन में कौतूहल
पैदा करती और कुछ सफलता जो अब तक मिली थी
उसके सहारे समझाती यह मन को कि उसका भविष्य है

हाथ में वापस जब रेज़गारी आयी तो उसके चेहरे पर
सन्तोष झलका कि सभी चीज़ महँगी है हो तो हो
थोड़ी सही वह ख़रीद सकती है
तभी ग़ौर से मैं उसे बिना उसके देखे देखने लगा

वह जवान थी उसके जिस्म में जान थी
पर क्या चीज़ टूटी पड़ी थी उस चेहरे में

थोड़ा-सा गोश्त और वह ज़रा ताक़तवर हो जाती
देह से
ख़ूनी नाख़ून गदेली में समेटे हुए
पुरुष के मुक़ाबले
पर उसके गाल भरे तक नहीं थे
उन पर चित्तियाँ थीं

तब मैंने देखा कि उसको इतने क़रीब
पाकर यह क्या हुआ इतना अजब दर्द
वह नफरत नहीं था वासना नहीं था

वह जो था अन्त में आदर था
वह था उसका सीना आँखों के सामने
उसकी अकेली असहाय
और ग़ैरबराबर औरत
का वह सर्वस्व था और मेरे बहुत पास।

लोग भूल गये हैं

लोग भूल गये हैं एक तरह के डर को जिसका कुछ उपाय था
एक और तरह का डर अब वे जानते हैं जिसका
कारण भी नहीं पता
इसमें एक तरह की ख़ुशी है
जो एक नीरस ज़िन्दगी में कोई सनसनी आने पर होती है
कभी किसी को मौत की खबर सुनकर मुस्करा उठते हुए
अनजाने में देखा होगा
वह एक तरह की अनायास ख़ुशी होती है
मौत का डर अपने से दूर चले जाने की राहत की
और फिर ध्यान उसी वक़्त कभी-कभी ऐसे बँट जाता है कि हम
मरनेवाले की तकलीफ़ कभी
जान सकने के लायक़ नहीं रह जाते

रोज़ कुछ और लोग वह भुतही मुस्कान लिये हुए
सामने से जाते

जब वह दोबारा आयेंगे देखना वे मरे हुए हैं
और जब तिबारा आयेंगे तो भ्रम होगा कि नहीं मरे हुए नहीं
यों ही वे आते-जाते रहेंगे
और तुम देखकर बार-बार यह दृश्य आपस में कहोगे
हम ऊब गये
एक ऊब और भुतही मुस्कान दोनों मिलकर
एक ख़ुशी और एक बेफ़िक्री बनते हैं
आज के समाज का मानस यही है तुम कहते हो इस कविता में

बगैर यह जाने कि तुम कितना कम इस समाज को जानते हो
कितना कम जानते हो तुम उस डर के कारण को
आज की संस्कृति का जो मूल स्रोत है

और क्या जानते हो तुम अतीत को ?
तुम नहीं जानते तुम्हारे पुरखे कितने वर्ष हुए कहाँ-कहाँ थे
पीछे चलते हुए
तुम ठहर जाते हो सबसे समृद्ध और शक्तिवान
अपने किसी पूर्वज पर
उसके पीछे चलो
वह कैसे धनी हुआ किस बड़े अत्याचारी का गुमाश्ता बनकर
उनका भी बाप कहाँ रद्दी बीनता था
और किस-किस के सामने गिड़गिड़ाता था
तुम्हारा आदिपुरुष एक लावारिस बच्चे का दुत्कार से भरा
जीवन जीकर कैसे बड़ा हुआ
तुम्हें नहीं मालूम
तुम्हें नहीं मालूम कितना था वह धर्मात्मा
और उसके प्राणों ने किस तरह की यातनाएँ उठायी थीं

यात्रा में घर से निकलते ही एक सुख होता है
और शहर छोड़ते ही पश्चात्ताप एक
जिनको तुम पीछे छोड़ आये हो उनसे तुम्हारा व्यवहार उचित
नहीं था

निर्दय था लोभी था
उनके साथ रहते हुए निजहित में लिप्त
और वे केवल छूट नहीं पाने की दुविधा में तुम्हारे साथ रहते थे
अब भी क्या मुक्त हैं तुम्हारे जाने पर वे ?
नहीं
जानते हैं कि लौटकर तुम फिर से
उसी रुग्ण रिश्ते को फिर से बनाओगे
कहते हैं कि हम बहुत बेचारे हैं
क्रोध इस घर में न करो
टूटे हुए बच्चों के सहारे क्रोध से टूट जाते हैं

समय ही करेगा दु:ख दूर यों कहते हो
आनेवाला समय कितने अन्यायों के बोझ से लदा हुआ
इस दु:ख को काटेगा
अन्याय के शिकार के लिए मन में समाज के जगह नहीं होगी तो

एक घनी नफ़रत और साधारण लोगों से बदले की भावना
इन तमाम बूचे उटंगे मकानों को बनाती चली जाती है
यह संस्कृति इसी तरह के शहर गढ़ेगी

हम उपन्यास में बात मानव की करेंगे
और कभी बता नहीं पायेंगे
सूखी टाँगें घसीटकर खम्भे के पास में आकर बैठे हुए
लड़के के सामने पड़े हुए तसले का अर्थ

हम लिखते हैं कि
उसकी स्मृतियों में फ़िलहाल एक चीख़ और गिड़गिड़ाहट की
हिंसा है
उसकी आँखों में कल की छीनाझपटी और भागमभाग का
पैबन्द इतिहास
उसके भीतर शब्दरहित भय और जख़्मी आग है

यह तो हम लिखते हैं पर उस व्यक्ति में हैं जो शब्द वे हम
जानते नहीं
जो शब्द हम जानते हैं उसकी अभिव्यक्ति नहीं
विज्ञापन हमारा हैं

कितनी ईमानदारी से देखती है
वह लड़की दर्पण
वह लड़की जो बहुत सुन्दर नहीं है पर कुछ उसमें सुन्दर है
कौन पहचानेगा कि आख़िर वह क्या है जो सुन्दर है ?
वह खुद
वह खुद शीशे में जो पढ़ेगी वही सही होगा

नहीं तो और जो होगा
वह किसी बड़े राष्ट्र द्वारा
आदिवासियों में पायी जानेवाली किसी विचित्रता का
होवेगा आविष्कार

दुनिया ऐसे दौर से गुज़र रही है जिसमें
हर नया शासक पुराने के पापों को आदर्श मानता
और जन वंचित जन जो कुछ भी करते हैं कामधाम रागरंग
वह ऐसे शासक के विरुद्ध ही होता है
यह संस्कृति उसको पोसती है जो सत्य से विरक्त है
देह से सशक्त और दानशील धीर है
भड़ककर एक बार जो उग्र हो उसे तुरन्त मार देती है

अपने-अपने कस्बों का नाम न लेकर वे लखनऊ का नाम लेते हैं
जहाँ वे नौकरी करने आये थे
जैसे वहीं पैदा हुए और बड़े हुए हों
क्योंकि वह किसी क़दर आधुनिक बनना है
और फिर दिल्ली उन्हें समोकर अथाह में आधुनिक होने
की फ़िक्र मिटा देती है

दूर के नगर से पत्र आया है
लिखा है कि गुड्डन की माँ का स्वर्गवास हो गया है
नहीं लिखा यह कि बीस वर्ष से विधवा थी वह
उसके बीस वर्ष कोई नहीं लिखता क्योंकि एक साथ बीस वर्ष
हैं अब वे
भाषा की बधिया हमेशा वक़्त के सामने बैठ जाती है

छुओ पोस्टकार्ड को उसमें दो टूक सन्दर्भहीन समाचार फिर पढ़ो
और कोशिश करो कि उस नगर के अकाल का कोई अतापता
लिपि से ही मिल जाये
नहीं वह सुथरी है साफ़ है सधी है अजब से तरीके से
लिखने वाला मानो मर चुका था बच रहा था केवल धीरज

देखो अपने बच्चों के दुःख को देखो
जब उनकी देह में तुम देखते होगे अपने को देखना
वही मुद्राएँ जो तुम्हारी हैं बार-बार उन पर आ जाती हैं
हड्डियाँ जिससे वे बने हैं—एक परिवार की
और बचपन के गुदगुदे हाथ की हलकी-सी झलक भी

नाच गाना और भोग-विलास
फ़ुरसती वर्ग के लड़के लड़कियों के शगल बनते हैं
फिर इनका रोब घट जाता है और ये समाज में वहीं कहीं पैठ
जाते हैं बिखराव बरबादी और हिंसा बनकर

एक बहुत बड़े षड्यन्त्र के बीच में अपने घर में रहनेवालों से
रिश्ते बनाओ
और सुधारो
घर में रह सकते नहीं हो मगर सारा दिन
कुछ दुःख बाहर से ले आयेंगे तुम्हारे घर उस घर के लोग
और लोगों को भी बार-बार घर से बाहर जाना होगा

शिक्षा विभाग ने कुछ दिन पहले ही घोषित किया है
छात्रवृत्ति के लिए अर्हता में यह भी शामिल हो
कि छात्र के पिता की हत्या हो गयी है

सावधान, अपनी हत्या का उसे एकमात्र साक्षी मत बनने दो
एकमात्र साक्षी जो होगा वह जल्दी ही मार दिया जायेगा।

पहचानना

एकाएक किसी चेहरे को देखकर मुझे जब लगता है कि यह
वही है
तब थोड़ी देर में ग़ौर से देखकर जान पाता हूँ वह नहीं है
दोनों की यह तुलना ऐसी प्रक्रिया है जो जीवन दे जाती है
हथियार मुझसे यह छीन ही नहीं सकता ।

निमन्त्रण

कुछ निमन्त्रण जिनमें पहुँचा नहीं
उनके चिकने काग़ज़ के पीछे मैं लिखूँगा
कि अब मैं चाहता क्या हूँ

दूर उस घर में कितनी भली
हँसी वह खुशी की है
हँसो और ख़ुश रहो
मुझे पड़ा रहने दो यहीं दूर
जीना चाहता नहीं

क्या यह कह रहा हूँ कि मैं जीना नहीं चाहता ?
ठहरो यह अनिश्चित था
क्यों मैंने कह डाला
जब तक कि तय न हो क्या चाहता हूँ मैं
कोई पढ़े नहीं
और पढ़े तो उधर छपा निमन्त्रण ही पढ़े
जहाँ मैं गया नहीं ।

कार्रवाई

उस बूढ़ी औरत की ज़िन्दगी दुःख की कहानी है
और इस नौजवान के पास वक़्त नहीं
वह शायद मौत के करीब आ चुकी है पर दौड़ नहीं रही है
हाँ यह शायद दौड़ते दौड़ते टकराकर मरेगा

यही वक़्त है अभी कुछ करो नौजवान
और उस औरत के दुःख भरे जीवन में पैठ जाओ
यही मौत के ख़िलाफ़
अपनी मौत के ख़िलाफ़
एक काम है जो कर सकते हो ।

कविता

कविता तभी होती है जब विषय से दूर और वस्तु के
निकट होती है
कविता अकेला करती है
और जब हम बहुत तरह के अन्य काम करते हैं तो
उनसे कविता में बाधा इसलिए नहीं पड़ती
कि वे दूसरे प्रकार के काम हैं
बल्कि इसलिए कि वे हमेशा हमें बाध्य करते हैं
कि हम दूसरों के साथ काम करें
जबकि कविता अकेले ही काम करने का तकाज़ा करती है ।

आख़िरी वक़्त

मैंने सब पुराने कपड़े हटा दिये
जो कि रखे थे कि शायद फिर ग़रीबी आ जायेगी
उनकी जगह नये कपड़े हो जाएँ यह चाहा
वह इच्छा आख़िरी वक़्त की इच्छा लगने लगी ।

आनेवाला कल

मुझे याद नहीं रहता है वह क्षण
जब सहसा एक नयी ताक़त मिल जाती है
कोई एक छोटा-सा सच पकड़ा जाने से
वह क्षण एक और बड़े सच में खो जाता है
मुझे एक अधिक बड़े अनुभव की खोज में छोड़कर

निश्चय ही जो बड़े अनुभव को पाये बिना सब जानते हैं
ख़ुश हैं
मैं रोज़-रोज़ थकता जाता हूँ और मुझे कोई इच्छा नहीं
अपने को बदलने की क़ीमत इस थकान को देकर चुकाने की

इसे मेरे पास ही रहने दो
याद यह दिलायेगी कि जब मैं बदलता हूँ
एक बदलती हुई हालत का हिस्सा ही होता हूँ
अद्वितीय अपने में किन्तु सर्वसामान्य

हर थका चेहरा तुम ग़ौर से देखना
उसमें वह छिपा कहीं होगा गया कल
और आनेवाला कल भी वहीं कहीं होगा।

बेचारा वक्ता

उसकी हर बात व्यवस्था से बँधी है
इससे उम्मीद है कि बहुत दिन जियेगा
इस वक़्त वह बोल रहा है लगातार एकरस
यही वक़्त है कि अपनी वह कविता लिखो
जो हल्के से कहीं मिली थी

तुम जल्दी में थे और उसे फिर के लिए रखकर चले गये थे
वह फिर आ गया है इस आक्रामक सभ्यता में दरार दिखते ही
और वह निश्चिन्त मोटा ताज़ा नाटा-सा आदमी जो दिख रहा है
उसकी भूमिका कौन रंगमंच में कर सकेगा सोचो
यदि कविता नहीं लिखो
और भाषण मत सुनो

जब वह बोलकर बैठा कवि ने कविता पढ़ी
सब सुनकर स्तब्ध हुए और अन्तिम पंक्ति पर वह हँसा
चाभी खुल गयी हो इस तरह

इस भ्रम में मत रहो कि वह ग़लत समझा है
उसके तनावों को समझो—वह हर बार धाराप्रवाह भाषा से
मुक्त होता है।

दयाशंकर

इस बड़े शहर में कई नागरिक रहते हैं
उनमें से एक दयाशंकर कहलाता है
वह नक़लनवीसी करके एक कचहरी में
तनख़्वाह एक सौ दस रुपये घर लाता है

उसका घर एक कोठरी एक बरम्दा है
उसमें बीवी औ' पाँचों बच्चे रहते हैं
वह भी रहता है रहता क्या है कोने में
बैठा अक्सर बेमतलब सर खुजलाता है

बच्चों को दोनों वक़्त दाल रोटी देकर
सर झुका दयाशंकर की बीवी कहती है
तुम भी खा लो थाली को वहीं फर्श पर रख
वह बड़े नेम से हर लुकमा चबलाता है

बच्चे छोटे हैं इतने छोटे मगर नहीं
किससे मिलकर रहना चहिए डरकर किससे
वे ख़ूब समझते हैं कब क्या कहना चाहिए
हाँ बच्चा है तो वह है जो तुतलाता है

उस रोज़ रात को बिस्तर पर कुछ शरमाकर
मुंशी की बीवी ने मुंशी से कहा सुनो
मेरा मन पूआ खाने को जब करता है
तब मुझको यह होना मुश्किल दिखलाता है

यह बात दयाशंकर ने दुःख के साथ सुनी
वह सात जनों के लिए कहाँ पूआ लाते
वह चुप होकर के लेट रहे इसलिए कि वह
माने बैठे थे पूआ पति घर लाता है

तब ज़रा देर कर इन्तज़ार बीवी बोली
उठ पड़ो अभी हम लोग पका खायें पूआ
बच्चे सोते हैं मीठी नींद झगड़ करके
बस जो तुतला है कभी-कभी अकुलाता है

वह उठी अरे वह कितनी सुन्दर लगती थी
दुबली कोई आवाज़ न होने दी उसने
ऐसे चुपचाप पकाये उसने चार पुए
जैसे पूआ ही मधुर मिलन कहलाता है

दोनों अपने-अपने हिस्से के पूए ले
जैसे थे जहाँ वहाँ पर बैठे खाते हैं
इतने में सब बच्चे एकदम से जगते हैं
उठ पड़ते हैं मुसकाते हैं सो जाते हैं।

चेहरा

यह चेहरा एक लड़के जैसा हो चला है
शायद यह लड़की की बन्धन से मुक्ति का पहला उपाय है
पर लड़के-सा चेहरा अपने में कुछ नहीं
उसके संग क़ीमती कपड़े और अँग्रेज़ी चाहिए
मगर यह लड़की ग़रीब घर की है
वह स्वीकृत वर्ग में शामिल होना चाहती है
और उस वर्ग की लड़कियाँ जो लड़का बनती हैं
उनकी तरह बनने की इसकी कोशिश एक दु:खभरी कोशिश है
क्योंकि वह चेहरा बदलकर अपने वर्ग का ही लड़का बनेगी
एक कहीं और अधिक लाचार व्यक्ति एक तरसी हुई सहमी हुई
असहाय लड़की।

बचपन

ख़ुशियों की एक दुनिया एक घड़ी की तरह जी रही है
बेबस ज़िन्दगी में टिक-टिक है
हम सब पचास के हो गये एक-दूसरे का मुँह ताक़ते खड़े हैं
हम बचे हुए हैं और इस पर हमें गर्व है कि
कोई डर नहीं है
जिससे डर था उससे दोस्ती कर ली है
लोग देखते हैं कितना सुरक्षित है
और सड़क पर एक हथियारबन्द के हाथों लुटते हुए
मुँह से आवाज़ नहीं निकलती
क्योंकि वह कह चुका है कि कोई सुनेगा नहीं

मैं उन गलियों से फिर एक बार जाना चाहता हूँ
जो मेरे घर के पीछे के इलाक़े में रची थीं
वे बत्तख़ें वे टाट के परदे लोना लगी दीवालें
और एक विचित्र-सा अनुभव कि रास्ते कई तरफ़
से आकर जाकर मेरा मोहल्ला बन गये हैं
जो बचपन में कई बार कई तरफ़ से घर
पहुँचने पर होता था।

अधेड़ औरत

मैंने यह रूप पहले नहीं देखा था
तुमने यह प्यार पहले नहीं पाया था
अब यह भय पहचानेंगे हम दोनों जने
कि अब से अपना अतीत अनजाने बदलेगा।

याद

यह तो संयोग था कि छोटा था उम्र में
जिस दौर से गुज़रा था वह बड़ा था

लोगों के आतंकित चेहरे कब लौटेंगे
मैं याद करता हूँ
अन्त में जानता हूँ
मैं भी स्मृति में उनकी बन्द हूँ
पर जब मिलेंगे हम नीचे को देखेंगे
हर जिस्म एक ज़िन्दगी—और एक अद्वितीय ज़िन्दगी
पर कितना अनछुआ

अब याद आता है कि उन जल्दी से बीते क्षणों में
कहीं किसी दरार में एक सुख की दुनिया थी
मेरी बहन की मुस्कान हल्की-सी ख़ुशबू गाना
उसका ससुराल चले जाना और ख़ुश रहना

तुम अब भी इस दुनिया में उस बच्चे जैसे हो जो अपनी
बहन के जीवन में ख़ुशी ख़ुशी देखता है
पीड़ाएँ नहीं जानता।

बलात्कार

औरतों के चेहरे समाज के दर्पण हैं
पुरुषों जैसे
किन्तु जो दर्द दिखलाते हैं उनमें मिठास है
पुरुष गिड़गिड़ाते हैं औरतें सिर्फ़ चुपचाप थाम लेती हैं बेबसी

कोई शरीर नहीं जिसके भीतर उसका दुःख न हो
तुम उसमें जब प्रवेश करते हो और वह नहीं मिलता
वही है बलात्कार
बाक़ी है प्रेम और दोनों के बीच की कोई स्थिति नहीं है ।

फ़ायदा

इतिहास की व्याख्या करता हूँ
हमदर्द सुनते हैं और अपनी उन्नति की सोचते रहते हैं
उस समय
उन्हें मतलब नहीं कि वक्त ने समाज के साथ क्या किया है
वे जानना चाहते हैं कि वक्त ने जो हालत की है समाज की
उसमें वे सबसे ज़्यादा क्या पा सकते हैं।

मुआवज़ा

सब लोग किसी न किसी दुख में बुझे रहते हैं
जब कोई मिलता है किसी से पहली बार तो दोनों
खेल खेलते हैं कि पहले सहानुभूति कौन किसको दे

नफरत करते हुए मैं कोई सृष्टि कर नहीं सकता
सब छोड़ना होगा लिखने के वास्ते
जितने निस्व हो सकते हो उतने हो जाओ

औरत जो प्रेमपगी मेरे पास धूप में
बैठी है वह किसी का बच्चा पेट में लिये हुए
मुझे एकटक देखे जाती है मानो मैं नहीं हूँ
जो है सो दुनिया में बस उसका प्रेम है

कौन आदमी है जो बचा रह जाता है
हर बार जब ताकतवर लोग अपने मन का
संसार रचने को सामूहिक हत्याएँ करते हैं
कौन है जो बचा रहकर फिर पहचाना जाता है
और बचा रहता है
कौन है वह कि जो बचा तो रहता है
पर उसकी पहचान नहीं हो पाती है
और कौन है वह जो जैसे ही पहचाना जाता है
मार दिया जाता है

एक समय आता है बोलना बेकार होकर रह जाता है
क्योंकि तब साथ उसके कर्म नहीं होता है
एक समय ऐसा भी आता है बोलने के समय

भ्रष्ट कर्म करते हैं बेकार तब हो जाता है बोलना
भ्रष्ट कर्म करके और बोलने से बेहतर क्या होगा कर्महीन
बोलते रहना ? हाँ उसमें वक्त के सामने डाले
जाने की चुनौती है

बड़े होते जाते हैं एक गुलाम जीवन की पद्धति की पहचान
जिसने हमें बचपन में दुख के दिन दिखाये थे
और बढ़ाते जाते

अब उसके सुख लेते बड़े हो रहे हैं हम
पर अपने बचपन की याद हम नहीं करते
करते हैं तो सबसे दया माँगते हैं हम

और आज जो बचपन में उस गुलामी में पिसते हैं
जिसमें पिसते थे हम इस शोषक सभ्यता में शासक पक्ष में
मिल जाने के पहले
उनसे हम कहते हैं देखो हमको देखो हम पर विश्वास करो
हमने भी बचपन में दुःख ये उठाये हैं

यह प्रमाणपत्र है जिसके आधार पर हम अधेड़पन में
उस शोषण में साथ दे सकते हैं शान्ति से

बुद्धि और अनुभव कर जाते हैं सन्तुलित
जीवन के अर्थ का संक्षिप्त सारांश लेकर हम खुश रहते
शेष भूल जाते हैं

स्त्री मर गयी एक छोटे-छोटे बच्चे छोड़कर
और इस घटना को इस अधेड़ उम्र में देखकर

बच्चों की रोटी के सोच में पड़ गया मेरा मन
कितना आसान था प्रेम छोड़ पैसे की शरण में आ जाना
प्रेम जो समाज में न्याय की लड़ाई है
पैसा जो सिर्फ़ है मुआवज़ा मौत का।

धूप का इतिहास

क्या कर रहे हो यहाँ पारक में बैठे तुम जब तुम्हें इस उम्र में किसी कुरसी पर लदे हुए या किसी कुरसी पर टिके हुए कलम घिसते रहना चाहिए।

एक हस्ताक्षर या एक टालमटोल के मज़मून में फ़र्क ही क्या है दोनों एक-दूसरे से जुड़ ही जाते हैं।

यह कविता तुम क्यों लिखने लगे एक घिसीपिटी शैली में भागती हुई गद्य की पंक्तियाँ : ये ज़रूर पहले कोई आज़मा चुका होगा लेकिन ये नयी हैं क्योंकि मैंने इन्हें पहली बार लिखा है : और है कैसे पंक्ति के आरम्भ में आ गया यह मैं पहली बार किसी कदर भरोसे से जान रहा हूँ यह हूँ तो अन्त में आया (है भी था) देखो बात यह है कि फिर से पहचान रहा हूँ मैं अपने को बाकी सबको मगर अब याद रहे छन्द नहीं चाहिए वह सारी चिड़ियों की अतुकान्त चहक को बिगाड़कर रख देगी और यह हरी छालवाला दरख़्त यह इतना खुलापन तो पहले पहचाना था इतना आकाश और अवकाश दोनों अभी तक बचा है (फिर वही छन्द !) जहाँ इस धरती पर शोषण के इतिहास में पैर जमाकर बैठे होने की जगह पर एक जगह खड़ा चल रहा हूँ अभी उठकर भी चलूँगा सिर्फ अतीत में नहीं जहाँ खड़े-खड़े गया था भविष्य में भी जाऊँगा यहाँ से वहाँ तक जहाँ तक शरण है मगर जो कर रहा हूँ पलायन नहीं है खुली धूप में रहना यह मुझे लिखकर बताना क्यों पड़ता है।

कई वर्ष पहले यह कभी सोच नहीं सकता था कि यदि कोई अपने वक़्त की तरफ ज़िम्मेदारी नहीं निभा रहा होगा तो एक दिन मैं उसका जवाबदेह होऊँगा मैं सिर्फ अपना काम करता हूँ यह मेरा काम है काफी है यह कभी समझा था लेकिन उस बात और आज में मेरे बच्चों के धीरे-धीरे बड़े होने में कितने मेरे अनुभव कितने मेरी पत्नी के विचार कितने हम दोनों के बचपन के क़िस्सों का अन्तराल एक स्फटिक पत्थर सा खड़ा है उस पर चढ़कर मैं इस पार चला जाता हूँ पाँव तले अपनी विकीरित परछाईं चीह्नता हुआ यह शरीर एक दो बड़े बड़े रोगों के बावजूद तब से कहीं ज़्यादा तगड़ा है और मेरी वासना पहले के मुक़ाबले कहीं ज़्यादा खरज का स्वर पैदा करती है चीत्कार पानी में डूबा हुआ गूँजकर कातर कर जाता है रोया हूँ कई बार ऐसे निराले में कभी नहीं यौवन के दिन में जो था फिर भी यह एक क्षण को मेरा जानना कि एक बड़ी क़ीमत चुकाने को बाक़ी है एक अन्धकार की गुफ़ा के मुहाने पर बच्चों से विदाई लेने जैसा लगता है।

शुक्रिया शुक्रिया हरियाले एकान्त। वह औरत पीछे से उठती है और जो बटोर कर रखती है वे तमाम खाने के बरतन नहीं हैं एक चदरा है धूप में आँख पर ढाँकने लायी थी इससे बच्चों को बुलाती है धूप ढल चली है अब घर चलना होगा नहीं वह सिर्फ धूप जहाँ है वहाँ जगह बदल रही है। शुक्रिया शुक्रिया मैं भी और बैठता मगर बेचैन हो गया हूँ। नमस्कार।

खिलवाड़

सहसा सुर बदलकर
वह बोलने लगा
वह अपनी पुस्तक का पाठ
सरपट पढ़ने लगा
यह तो खिलवाड़ था
उसकी उत्साह भरी उम्र में
अपने पर अब तक की लदी हुई
दुनिया के साथ एक क्षण का
खिलवाड़ था

मैंने सुना लड़के को इस तरह बोलते
क्षण भर को मेरा मन मुक्त हुआ
एक अजब ढंग से
मुझको ताक़त मिली
एक अज़ीब क़िस्म की

उसने यह वर्तमान
क्षण भर में चूर किया
वह अपने में स्वतन्त्र
वह आनेवाले दिन से स्वतन्त्र
बीते बचपन की स्मृति से स्वतन्त्र
अपने मनोरंजन से मुग्ध
एक व्यक्ति था।

संघर्ष

वह कभी कभी ज़रा सी बात पर ख़ुश हो जाती है
इतनी ख़ुश कि ख़ुशी छिपा नहीं पाती
और थोड़ी देर में वह लाचार सी दिखने लगती है
वह ज़रूर कहीं कमज़ोर हो गयी है

वह कभी कभी इतनी शांति से कहती है हाँ, सुख है,
कि संतोष के क्षण में एक अखिल आनंद
थामे हुए वह महान है

ये उसके संघर्ष की दो पहचानें हैं
—दुख ने जो तोड़ा है उसको बनाने का संघर्ष

प्रेमीजन

ये कितने सुंदर चेहरे हैं
दिख रही औरतों पर पुरुषों की छाप
मगर
पुरुषों पर केवल छाँह औरतों की दिखती

बढ़ गयी उम्र
ये उससे थोड़ा सा पीछे ही ठहर गये

झुर्रियाँ : अधूरी कविताएँ
मैं इन्हें पढ़ूँ तो मुझको छंद सुनायी दे

ये इतने सुंदर चेहरे अनुभव में डूबे
ये प्यार परायेपन का अंतर भूल चुके
इनसे बोलूँ ऐसे कि मुझे ये सुनें नहीं

इनमें से कोई मित्र नहीं
बस परिचित हैं
परिचय भी अभी हुआ है
—यह लिखते लिखते

उतने क्षण में ये फिर हो गये अजनबी हैं
ये सुंदर पशुओं के से अनजाने चेहरे
अपनी दुनिया में मौन ताकते हुए मुझे।

बैंक में लड़कियाँ

बैंक में लड़कियाँ
बड़ी होती जाती हैं
और इतनी भीड़ से घिरी हुई एकाकी

वह अपने तीस बरस
औरत और व्यक्ति के बनने के तीस बरस
लिए हुए रोज़ यहाँ आती है वक़्त से
ध्यान से सुनती है नौजवान ग्राहक को
खो नहीं जाती है स्वप्न में
उस लड़के को कहीं जाने नहीं देती है फ़िलहाल
फिर चला जाता है वह अपने काम से
इस लेनदेन के बाद वह बजाती है एक सुहानी घण्टी
दौड़कर भीड़ भर जाती है छोटे छोटे पुरुषों की एकांत में
कुटे पिटे चेहरों पर लालच लिये हुए
खिड़की से झाँकते ।

चिथड़ा चिथड़ा मैं

अब देखो बाज़ार में एक ढेर है चिथड़ों का
और एक मैं हूँ कि जिसके चिथड़े सब एक जगह नहीं हैं

वे मेरी धज्जियाँ कहाँ गयीं
खोजकर लाओ उन्हें
सिरहाने रात को रख जिनको सोया था
उन काग़ज़ों में से

मैं चिथड़े चिथड़े हो गया हूँ
यही मेरी पहचान है
—चिथड़ा चिथड़ा मैं
मैं जानता हूँ कि मैं एक हूँ एक अदद
पर मैं उन चिथड़ों को देखना चाहूँगा

उनको जमा करो
—अरे कुछ मेरे हैं
और कुछ मेरे नहीं
वे मेरी धज्जियाँ नहीं हैं
—पैबंद थे

लोग शानशौक़त दिखाते हैं
दुनिया भर के चिथड़े जोड़कर
मुझको बस इतने ही चाहिए
खुला रहे बदन जिन्हें ओढ़कर।

जड़

सहना परायी पीड़ाओं को बार बार
जीते रहने का अकेला उपाय है
सहो
फिर उसी समय
दूर खड़े हो अपने को देखो

साथी के दुख में
यह एक अजब चीज है
कि जो यह नहीं किया
तो जानो जड़ हुए

जब उसके साथ होगे
वह एक बोझा होगा

अन्त में उसी के पास आओगे
तब कोई भाषा भी पास नहीं होवेगी
कुछ कोशिश करके तुम गाओगे
औ' वह आवाज़ तब अपने पर रोवेगी।

अरे अब ऐसी कविता लिखो

अरे अब ऐसी कविता लिखो
कि जिसमें छंद घूमकर आय
घुमड़ता जाय देह में दर्द
कहीं पर एक बार ठहराय

कि जिसमें एक प्रतिज्ञा करूँ
वही दो बार शब्द बन जाय
बताऊँ बार बार वह अर्थ
न भाषा अपने को दोहराय

अरे अब ऐसी कविता लिखो
कि कोई मूड़ नहीं मटकाय
न कोई पुलक पुलक रह जाय
न कोई बेमतलब अकुलाय

छन्द से जोड़ो अपना आप
कि कवि की व्यथा हृदय सह जाय
थाम कर हँसना रोना आज
उदासी होनी की कह जाय।

हिन्दी

हम लड़ रहे थे
समाज को बदलने के लिए एक भाषा का युद्ध
पर हिन्दी का प्रश्न अब हिन्दी का प्रश्न नहीं रह गया
हम हार चुके हैं

अच्छे सैनिक
अपनी हार पहचान
अब वह सवाल जिसे भाषा की लड़ाई हम कहते थे
इस तरह पूछ :
हम सब जिनके ख़ातिर लड़ते थे
क्या हम वही थे ?
या उनके विरोधियों के हम दलाल थे
—सहृदय उपकारी शिक्षित दलाल ?

आज़ादी के मालिक जो हैं ग़ुलाम हैं
उनके गुलाम हैं जो वे आज़ाद नहीं

हिन्दी है मालिक की
तब आज़ादी के लिए लड़ने की भाषा फिर क्या होगी ?

हिन्दी की माँग
अब दलालों की अपने दास-मालिकों से
एक माँग है

बेहतर बर्ताव की
अधिकार की नहीं

वे हिन्दी का प्रयोग अंग्रेज़ी की जगह
करते हैं
जबकि तथ्य यह है कि अंग्रेज़ी का प्रयोग
उनके मालिक हिन्दी की जगह करते हैं
दोनों में यह रिश्ता तय हो गया है

जो इस पाखण्ड को मिटायेगा
हिन्दी की दासता मिटायेगा
वह जन वही होगा जो हिन्दी बोलकर
रख देगा हिरदै निरक्षर का खोलकर ।

पहले आप

'पहले आप' की संस्कृति–
इसलिए कि अपनों में मुठभेड़ें हम हों
इसलिए कि निर्बल इसके बाद अपना हक़ छोड़ दें

देख लो ग़रीब मरीज़ खड़े डरता है
कि कुछ सजेधजे लोग
डागदर के कमरे में पहले घुस गये

वे मानो कीच के समुद्र में
अपने अधिकार के लिए आते और जाते हैं
रोग और पैसा हो तो पहले मैं होगा
और फिर मैं ।

ख़ुशामद

साहब ख़ुशामदी को गाली देते हैं सबके आगे
ख़ुशामदी का चार जनों में सर ऊँचा हो जाता है
सब कहते हैं साहब को झूठी तारीफ़ पसन्द नहीं
वह बेचारा तो मुरीद है बस दर्शन को आता है

साहब कहते हैं तू बकता है तेरा ईमान नहीं
मगर चाहते हैं यह झूठा चापलूस नज़दीक रहे
वह जो दिल्ली जा करते हैं यह पटने में किया करे
भीतर से गीदड़ का बच्चा ऊपर से निर्भीक रहे

कभी किसी दिन साहब सचमुच कोई अच्छा काम करें
तो उसकी तारीफ़ न करना वह कुढ़कर रह जायेंगे
उनको आदत नहीं पड़ी है सच्ची बातें सुनने की
सबके आगे तुमको कैसे अपमानित कर पायेंगे ।

व्यावहारिक लोग

एक दिन घर लौटा
हाथ में किताब थी
और फूलगोभी थी

वाह, कविता मिली

आजकल किताब फूलगोभी सी नरम है
और फूलगोभी है आजकल की किताब सी नीरस

तुरत एक सुंदरी से कहा जा कर के
देखिए अदलबदल लीजिए आप इन दोनों को
वह नहीं समझी

लोग बहुत व्यावहारिक हो गये हैं
कोई ऊलजलूल नहीं बोलते
एक मुनाफ़ाख़ोर सभ्यता में मजाक़ की जगह नहीं रह गयी
(मनोरंजन की है जो नफ़रत से पैदा हो)

कोई चीज़ अपनी जगह से मत सरकाओ
व्यापारी व्यवस्था को उसकी ज़रूरत है
फूलगोभी पढ़ने औ' किताब खाने से लाभ क्या होगा ?

सस्ते दाम की दुकान

अर्थशास्त्री बोला
सस्ते दाम की दुकान दाम के नियंत्रण के वास्ते ज़रूरी है
कुछ तो मिल जाये गरीब पेट भर लें
कि बेचारों को नसीब
हलवा है न पूरी है
खायेंगे फिर भी कम चाहे सस्ता बिके
कि एक तो बहुत हैं
दूसरे कम मजूरी है
तीसरे समस्त अन्न में से सस्ती दुकान को
थोड़ा देना हमारी मजबूरी है

हम गेहूँ देंगे
और चीनी भी देंगे
क्योंकि चीनी के खाने का अनुभव ज़रूरी है
वे अपनी चीनी कुछ पैसों के बदले में हमको दे देंगे
क्योंकि पैसा ज़रूरी है
उससे खरीदेंगे वे महँगा माल
क्योंकि हमने बताया है कि वह भी ज़रूरी है
ऐसे सुख सम्पत्ति चीनी के बहाने बढ़े
तो सस्ते दाम की दुकान ही ज़रूरी है।

साफ़ कमीज़

लोग बैठा दिये गये हैं द्वारपाल
पर उनका मुख्य काम है सलाम करना
वे सलाम करते हैं कभी जान करके
कि इस शख़्स को है हमको सलाम करना
कभी सोच करके कि शायद वही हो वह
कि जिस शख़्स को है हमको सलाम करना
क्या है वह चीज़ जो कि पैदा करती है भ्रम
किस सफ़ेदपोश को है कब सलाम करना

शायद वह दे देगा मुझको मेरा हिस्सा
वह
नक़ली धागे के वस्त्र जो पहरता
अपनी बिरादरी में ढाँके असलियत
नक़ली धागे का वह विज्ञापन करता
बहुत हुआ अपनी कमीज़ धो लेता है
दफ़्तर का काम नहीं उससे सपरता
गाता जाता है और धोता है साफ़ साफ़
द्वारपाल से मिलने के लिए सँवरता ।

कैमरे में बन्द अपाहिज

हम दूरदर्शन पर बोलेंगे
हम समर्थ शक्तिवान
हम एक दुर्बल को लायेंगे
एक बन्द कमरे में

उससे पूछेंगे तो आप क्या अपाहिज हैं ?
तो आप क्यों अपाहिज हैं ?
आपका अपाहिजपन तो दुख देता होगा
देता है ?
(कैमरा
दिखाओ इसे बड़ा बड़ा)
हाँ तो बताइए आपका दुख क्या है
जल्दी बताइए वह दुख बताइए

बता नहीं पायेगा

सोचिए
बताइए
आपको अपाहिज होकर कैसा लगता है
कैसा
यानी कैसा लगता है
(हम खुद इशारे से बतायेंगे कि क्या ऐसा ?)
सोचिए
बताइए

थोड़ी कोशिश करिए
(यह अवसर खो देंगे ?)
आप जानते हैं कि कार्यक्रम रोचक बनाने के वास्ते
हम पूछ पूछ कर उसको रुला देंगे
इन्तज़ार करते हैं आप भी उसके रो पड़ने का
करते हैं ?
(यह प्रश्न पूछा नहीं जाएगा)

फिर हम परदे पर दिखलायेंगे
फूली हुई आँख की एक बड़ी तस्वीर
बहुत बड़ी तस्वीर
और उसके होंठों पर एक कसमसाहट भी
(आशा है आप उसे उसकी अपंगता की पीड़ा मानेंगे)

एक और कोशिश
दर्शक
धीरज रखिए
देखिए
हमें दोनों एक सँग रुलाने हैं
आप और वह
दोनों

(कैमरा
बस करो
नहीं हुआ
रहने दो
परदे पर वक्त की क़ीमत है)
अब मुस्कुरायेंगे हम

आप देख रहे थे एक सामाजिक उद्देश्य से युक्त कार्यक्रम
(बस थोड़ी ही कसर रह गयी)
धन्यवाद।

अज्ञातवासी

सेंसर के दिनों में एक लेखक जी
एक दैनन्दिनी लिखते थे
एक दिन उसमें यह दर्ज किया
(वह पहला ही दिन था)
मैंने उनका लिखा यहाँ पद्य में मानो उलथा कर दिया है

'आये अख़बार नहीं
स्थिति में तनाव था
—घर पर भी लगता था
च. प. ने फोन किया
'रेडियो पर प्र. म. बोली हैं औ' मैं छुट्टी गया'

वह सचमुच राहत महसूस कर रहा था
कि उसको फ़ुरसत मिली
हाँ और भी थे जो छुट्टी नहीं जा सके
पर एक उत्तेजना से भरी सांत्वना उनमें भी थी
जैसे क. प. स. द. में

इतने में झु. झु. की फ़ोन पर
गम्भीर आवाज़ आयी
'क्या जो सुन रहा हूँ सत्य है ?'
फिर भोलापन थोड़ा छोड़कर
मुझ पर हमला किया 'आप बहुत उग्र थे
उसी का परिणाम है

देशवासियों के सर आ पड़ा
'उग्र ? कहाँ ? मैं तो ख़ामोश था'

'नहीं, आप नहीं थे'
कई बार दोहराया

भो. ना. के यहाँ रा मासूम अचरज से
अ. आ. से कह रहे थे कि अब क्या होगा ?
और अ. आ. 'ऐसा भी होता है कोई क़ानून क्या'
कहकर मुँह बाये थे बेचारे

क. प्र. का ख़्याल था कि क्रांति एक प्रक्रिया होती है औ'
वह निश्चिन्त हैं
माने कि इस समय जिनका दमन होगा वह उनमें नहीं हैं
'आज हो रहा है जो उससे मेरा नुक़सान कोई नहीं है'
(मैं कब कहता हूँ कि क्रान्ति आज ही हो ले)

एक अजब तरह का आराम
पर इसके पीछे कितना खुख्वल सारा दिन
और उस शून्य में चुन चुन कर हत्या

क. खुश था अब सब गिर कर मेरे स्तर तक आ जायेगा
तब मिटेगा कलंक जो मैं लगा चुका अपने सर
पर भीतर भीतर वह वध्य हो गया है
यह वह नहीं जानता

छ. आये, गरम थे
'आपने नाक
अपनी कटा दी चुप रह गये
यह क्रान्तिकारी परम्परा के विरुद्ध कार्य है
आपके प्रशंसकों को पसंद नहीं आया'
फिर कहा

'विश्वविद्यालय में हमारे बड़ा ज़ोर है विरोध का
कल शिष्टमण्डल हम
प्र. म. के पास ले जायेंगे
कि कम से कम कहाँ वाक् स्वातन्त्र्य रहने दें

आज यह डायरी मिल गयी
पढ़कर लेखक से पूछा भाई
ये सब क. ख. ग. घ. कौन हैं

उसे याद ही नहीं आ सका
किनको किनको थे छद्म नाम ये दिये गये

पर वे सब हैं यहीं
इन्तज़ार करते हैं
उसी एक राहत का
अज्ञातवास में ।

एक रात नागा

न सही आज रात को कविता
कागज़ पेंसिल सिरहाने रख सोने की आदत में
आज एक नागा हो रहा है
और भी अकेला हो रहा हूँ मैं और अपने में पूरा।

बड़ा आदमी

मुझे विश्वास नहीं है
कि मेरे जीते जी
यह देश क्यों
कोई भी देश
अपने मनुष्यों को
आदमी बना लेगा

क्रांतिकारी लेखक को आशा है
कि औरों पर उसका अविश्वास
उसको तो उसके ही जीवन में
एक बड़ा आदमी बना देगा ।

अभिनेत्री

अभिनेत्री जब बँध जाती है
अपने अभिनय की शैली से
तो चीख़ उसे दयनीय बनाती है
पुरुषों से कुछ ज़्यादा
औ' हँसी उसे पुरुषों से ज़्यादा बनावटी

यह इस समाज में है औरत की विडम्बना
हर बार उसे मरना होता है
टूटा हुआ बचाती है
वह अपने भीतर टूटफूट के
बदले नया रचाती है

पर देखो उसके चेहरे पर
कैसी थकान है यह फैली
हँसने रोने को कहती है
उससे पुरुषों की प्रिय शैली

इन दोनों से कुछ ज़्यादा
औरत का चेहरा कह सकता है
पर क्या उसकी ऐसी आज़ादी
पुरुष कभी सह सकता है

वह उसे हँसाता रहता है
वह उसे सताता रहता है

वह अपने सस्ते रंगमंच पर
उसे खेलाता रहता है

औरत का चेहरा है उदास
पर वह करती है अट्टहास
उसके भीतर की एक गरज
अनमनी चीख़ बन जाती है

वह दे सकती थी कभी कभी
अपने संग्रह से गुप्तदान
पर दया सरेबाज़ार वही
ख़ुद एक भीख बन जाती है।

दुर्भिक्ष

वह आया और चबूतरे पर खड़ा हुआ
जंगले को खटखटा कर उसने बुलाया
और अपना बरतन वाला हाथ उठाया
मैंने कहा अरे, फिर सकता खा गया
वह मुझसे बड़ा था उसी इस्कूल में था
कुछ बरस पहले यह सुना था कि
कहीं चला गया है
आज उसे देखकर पहला ख़्याल यह आया
कि मुझे शर्म लगती है
और इसको लगेगी पहचाने जाने पर
जाने किस चीज़ ने पुकारा तुम कौन हो
और उसने ठीक वही देवीदत्त घोषाल नाम बतला दिया
तब मैंने पूछा कि मुझे पहचानते हो
और वह बोला कि तुम सहाय के लड़के हो
तुम छोटे थे जब उनके साथ स्कूल आते थे
मुझे याद है कि यह सुन करके मैं भौंचक रह गया
उसको हम दोनों की याद थी
अपने अध्यापक की
और उनके पुत्र की
एक को आदर और दूजे को स्नेह वह देता था
और ये दोनों काम बच गये थे उसके जीवन में
उथलपुथल के बाद
उसने कहा था (मानो बरतन खड़काकर) यह
मैं शायद पागल हूँ शायद पागल नहीं

मैंने फिर पूछा पढ़ाई क्यों छोड़ दी
वह कुछ समझा नहीं
सिर्फ़ कहा अब मैं पढ़ता नहीं
लोग कहते हैं तुमसे नहीं होगा
जाओ कुछ ला दो न

यह कहकर उसने प्रश्न पूछने का मेरा अभिमान
तोड़ दिया
हम दोनों तो दुनिया से नाता जोड़े थे
और देवीदत्त को बाहर कर दिया था
पर उसने दुनिया को छोड़कर आने को
जंगले के बाहर से हमको पुकारा
मैं कुछ कह नहीं सका
सीधे पिता के पास जाकर उनसे पूछा
वह जो था देवीदत्त क्या आप जानते हैं पागल हो गया है?
और वह बोले हाँ, बहुत होनहार था, आया है?
उसको खिला देना, उसके कोई नहीं, बस बूढ़ा बाप है
एक के बाद एक विपदा पड़ती गयी, घर नष्ट हो गया

मैं बैठक में लौटा
दो रोटी लाया था, भीतर बुलाकर परस दिया
उसने उठाया वह परोसा और रख लिया बूढ़े बाप के लिए
और वह चला गया आदर से झुक प्रणाम करके
जो हाल में सीखा था
जाते वक्त हमको धकेल कर छोड़ गया जहाँ हम पहले थे

यही लाचारी है संतुलित लोगों की
उन पर विश्वास नहीं करते हैं सरफिरे।

अन्न का रस

खाने के पहले कृतज्ञ होता हूँ मैं
खाने के बाद भी
कहाँ आ जाते हो श्रेय लेने को
हर बार
ईश्वर

क्या तुम नहीं जानते
कि अन्न जो तुमने उगाया है
उसमें एक रस है
जो मैं ही जानता हूँ ?

रोग

रोग फिर उभरता है देह में
भागदौड़ में इतना किसको है अवकाश
ठहरे उपचार अपना करे
मैंने मान लिया है कि रोग सबसे जोड़ देता है
यह अनुभव काम में लगे हुए अपना दुख सबसे छिपाने से
आया है ।
एकान्त जीवन में जैसे ही देता है यह अनुभव
रोग तब कहाँ रह जाता है
यदि वह है तो

भेंट

कई बार चाहा है कि अपने स्वभाव को छोड़कर
हर मिलनेवाले से घुलूँ मिलूँ नहीं
बल्कि कुछ रोआब डालकर रहूँ दूर दूर
थोड़ी ही देर बाद यह मुश्किल हो गया
और मैं उससे अपने हृदय की व्यथा कहने लगा
वह बस मेरी नहीं समाज की व्यथा थी
वह सुनता रहा और एक घटना घटी
वह कहीं बहुत विचलित हो गया
इतना कि जितने आराम से कह रहा था मैं
वह उसे कहीं न कहीं चतुराई दिखने लगा
फिर वह जो बोला सो मैंने अनुभव किया
कि वह मेरी झूठी तारीफ़ था
इस तरह वह भेंट ख़त्म हुई जब कि मैं
सच्चे दिल से खुलकर उससे मिला।

ख़ुशी

नहीं, मुक्ति भय से न चाहिए
यदि निर्भय होना है

मुक्ति एक झूठ है
बहुत बड़ी हो गयी है यह मेरी पीड़ा
इसको बताना है
इसके अथाह में खो जाने के पहले

तीस थे श्रोता
पर कितने अकेले में मैंने कविता पढ़ी
वह मेरी बिखरी टूटी कविता
एक नहीं कर सकी तीस श्रोताओं को
मुझे एक कर गयी
और यह बता गयी
कि एक मैं कितना अधूरा हूँ

कौन सी ख़ुशी है वह
जो यदि बताऊँ
पीड़ा का पता मिले ?

स्वच्छन्द लेखक

लोग भूल जाते हैं
दहशत जो लिख गया
कोई किताब में

लोग भूल जाते हैं
झेली थी यातना
जो अपने आप में

अत्याचारी का मुँह
लोग भूल जाते हैं
उसके मुस्काने पर

याद रह जाता है
तब कैसे हँसते थे
बच्चे घर आने पर

पाँच बरस बहुत बरस
होते हैं एक गुलाम
औ' ग़रीब देश में

इतने में गया हुआ
वक्त लौट आता है
एक नये वेश में

हत्या कमज़ोर की
सीधे-सीधे हत्या
गाँव-गाँव होती है

कोई रोता नहीं
हाँ, मारी नहीं गयी
तो विधवा रोती है

पढ़े-लिखे लोगों का
जब दिल बहलाता है
ख़ून किसी और का

करता है आक्रमण
निरक्षर निहत्थे पर
दमन नये दौर का

आज मौन देख रहे हैं
जाता है शासक
हिंसा के रास्ते

कल तक जो व्याकुल थे
सिर्फ़ बोलने की आज़ादी
के वास्ते

सूखी मिट्टी पर वे
भूखों के दावों को
वाणी नहीं देते

देते हैं हथियार
शासक ग़रीबों को
पानी नहीं देते

दोनों मिलकर के यों
नया दमन चक्र यह
प्रेम से चलाते हैं

जो मारा गया है
उसके भी बोली थी
लोग भूल जाते हैं

वह बोली कहाँ गयी ?
उस पर बन्दूक ने
लगाया प्रतिबन्ध है

कलम लिये बैठा है
शब्दों की खोज में
लेखक स्वच्छन्द है ।

आज़ादी

चारों दिशाओं से चारों दिशाओं में
उजड़े घर छोड़कर
दूसरे उजाड़ों में लोग जा रहे हैं
भूख और अपमान की ठोकरें खाकर

इतिहास, पीड़ा का इतिहास उनको बताता है
यह ज़मीन यहाँ से वहाँ तक जुड़ी है
वह उनका घर नहीं
उनके बच्चे ही उनका घर हैं

बहुत बड़े देश में बहुत से मनुष्यों की पीड़ाएँ
अगर उसे बड़ा नहीं करती हैं तो ज़मीन को
उसके हत्यारे छोटा कर देते हैं
बेचकर विदेश में भेजने के लिए

ये पहाड़, जंगल, मिट्टी के मैदान हरे
छोटे हो रहे हैं जो इतिहास में बड़े देश के प्रमाण थे
इनकी विशालता का कोई गुणगान अब सुन नहीं पड़ता
देश के बड़े देश होने का गौरव अब
व्यक्ति की विदेश में प्रतिष्ठा बढ़ाता है
देश में बर्बरता
हत्याएँ चीथड़े ख़ून और मैल आज भारतीय संस्कृति के मूल्य हैं
और दया करते हैं लोग यह मानकर कि कष्ट अनिवार्य है
दया के पात्र को :

लूट ने ज़मीन के अंदर तक मिट्टी को तोड़ दिया है
उसमें कहीं एक बीज था
उसे उठा लें अपने हाथ में
और वह मिट्टी भी :
हम अपना भूगोल ही भूल गये हैं
हर हत्या हमसे कुछ दूर हुई दिखती है
जब कि वह हमारे बहुत पास में हुई है
हत्याएँ याद रह जाती हैं लाशों के चेहरे नहीं याद रहते
उनकी ज़िन्दा तस्वीरें कम छपी थीं
वही बार-बार दीख पड़ता है रूपवान चेहरा जो
लाशों के पास अफसोस में खड़ा था
दिन ब दिन जानते जाते हैं हम वह हमारा चेहरा नहीं

आज यही कफ़नढके चेहरे हैं एक साथ रहने के
बचेखुचे कुछ प्रमाण और इन्हें जो याद रख नहीं सकते हैं
वे ही समाज पर राज कर रहे हैं
चेहरे के बिना लोग
कल किसी और बड़े देश के ग़ुलाम हो जायेंगे ।
हम अपने देश के उजाड़ों में खोजते रहेंगे अपना चेहरा
—आज़ादी !

• • •